JN080617

生き方心得帖

人生を導く先達の言葉

藤尾秀昭
Fujio Hideaki

致知出版社

「一燈を提げて暗夜を行く。
　暗夜を憂うることなかれ。ただ一燈を頼め」

幕末の儒者・佐藤一斎の言葉です。
人生行路は暗夜を行くようなものだが、
一燈があれば転んだり道を踏み外したりすることはなく、
安心して歩んでいくことができる、と一斎は教えています。

では、一燈とは何か。
古今東西の先哲が残した、生きていく上での範となる言葉こそ、
その一燈になるのではないでしょうか。

そういう思いから先人の残してくれた名言・箴言を集め、
ここに『生き方心得帖』を発刊します。
本書を手に取ってくださった皆様の人生に
いささかでも益するものがあれば幸いです。

第一章

運命を創る

第二章 心の工夫

第三章

生涯学び続ける

第四章

二度とない人生をどう生きるか

第五章
生き方の極意

第一章

運命を創る

老驥《ろうき》、櫪《れき》に伏すも
志、千里に在り。
烈士《れっし》暮年
壮心《そうしん》已《や》まず

魏の曹操《そうそう》

老いた駿馬《しゅんめ》は厩《うまや》に繋《つな》がれていてもなお千里を走らんという志を持っている。同様に、男らしい男は人生の晩年になっても志に生きんとする情熱、気概が尽きることはない。

『三国志』の英傑《えいけつ》・魏の曹操が詠んだ詩の一節です。

『致知』を創刊した頃、各界で活躍する六十代、七十代の人たちが曹操のこの言葉に感動されていたことを懐かしく思い出します。一道に精励し、ある年齢に達してきた人たちには皆、共通する感慨があるということでしょう。

いくつになっても志気を忘れず、生涯をひたむきに歩み続けることの大切さを説いて、まことに味わい深い詩です。

人間は行き詰まるということは絶対にない。
行き詰まるということは、
自分で行き詰まったと思うだけのことである

松下幸之助

父親の事業の失敗により、尋常《じんじょう》小学校を中退し、十歳で大阪の火《ひ》鉢屋《ばちや》に丁稚《でっち》奉公。そこから徒手空拳《としゅくうけん》で事業を興《おこ》し、一代で日本を代表する巨大企業をつくりあげた松下幸之助氏。

その人生は前半生から決して順風満帆《じゅんぷうまんぱん》ではなく、艱難辛苦《かんなんしんく》の連続のような人生だったといえます。

その松下さんの言葉だけに、この言葉は私たちの心に深く響いてくるものがあります。

また、松下氏はこんなふうにも言っています。

「人間は行き詰まるということはない。行き詰まるのは心が行き詰まった時だけである」

人生や仕事において、どうしようもない状況に直面した時、思い出し、噛《か》み締《し》めたい言葉です。

一歩一歩上がれば、何でもないぞ。
一歩一歩努力すれば、
いつの間にか上がるものだぞ

鈴木大拙《だいせつ》

日本の禅文化を広く海外に知らしめた仏教学者・鈴木大拙翁。その大拙翁は九十歳を過ぎ、鎌倉東慶寺の上にある松ヶ岡文庫に住んでいました。

松ヶ岡文庫に行くには、百三十の階段を上らなければならない。ある人が「九十を過ぎて百三十の階段を上るのは大変でしょう」と労《いたわ》った時、大拙翁は右記のように答えたというのです。

普通なら「うん、大変なんだ」と言うところです。しかし一切そういうことを言わずに、このように答えたところに鈴木大拙という人の真面目《しんめんぼく》をみる思いがします。

この言葉からは直面する一つひとつの出来事に真剣、誠実に打ち込んできた大拙翁の日常のあり様が窺《うかが》えます。

人生の折節に思い起こしたい言葉です。

詮《せん》ずるところ学問は、
ただ年月長く倦《うま》ずおこたらずして、
はげみつとむるぞ肝要《かんよう》

本居宣長《もとおりのりなが》

十八世紀を代表する国学者・本居宣長は、享保十五（一七三〇）年、伊勢国松坂（現・三重県松阪市）の木綿商の家に生まれました。幼い頃から学問に高い関心を示したため、「この子は商人には向かない」との母の英断で、二十二歳の時に京都に出て医学を学び、二十八歳の時に松坂に戻り、町医者となります。

その後、宣長は医業の傍《かたわ》ら『源氏物語』などの日本古典の講義・研究に取り組み、また、賀茂真淵《かものまぶち》と出会ったことで現存する日本最古の歴史書『古事記』解読を思い立ちます。

そして、『古事記』解読の志を立ててから、実に三十五年もの歳月をかけ、宣長六十九歳の時に『古事記伝』全四十四巻を遂に完成させるに至るのです。その歩みから紡《つむ》ぎ出された宣長の言葉は、まさに目標を実現に導いていく要訣《ようけつ》を示して余りあると言ってよいでしょう。

また、宣長は『うひ山ぶみ』の中に次の言葉も残しています。

「すべて学問は、はじめよりその心ざしを、高く大きに立てて、その奥を究めつくさずはやまじと、かたく思ひまうくべし、此志よわくては、学問すすみがたく、倦み怠るもの也」

一道を極めんとする者の大事な心得を宣長は二つの言葉で示してくれています。

復《ふく》はそれ天地の心を見るか

『易経《えききょう》』

「復」とは繰り返すという意味です。何回も何回も繰り返し行うことは、天地の心そのものだと謳《うた》っています。

天地自然の運行というのは、気の遠くなるような長い年月を経る中、一分の狂いもなく繰り返されてきました。同じように、人間の営みもまた、繰り返し行う中にこそ、天地の心に通ずる尊さがあるというのです。

同じことを黙々と繰り返していったら、そこに大きな徳力があらわれる。天地の営みは、そのことを私たちに教えてくれています。

人間もまた、宇宙の黙々たる「復」の果てに生まれたのです。

それだけに、私たちが生きていく上で「復」の大切さを示唆しているこの言葉には、大変勇気づけられるものがあります。

この言葉を反芻《はんすう》しつつ、黙々と我が道を実践していきたいものです。

金がないからできないという人は金があってもできない

小林一三《いちぞう》

ノーベル賞受賞者の大村智《さとし》先生からこの小林一三の言葉を教わりました。小林一三は阪急電鉄や東宝、宝塚歌劇団などを起こした大実業家です。

もともとはサラリーマンだった一三が独立して箕面《みのお》有馬電気軌道を創立したのは一九〇七年、三十四歳の時でした。電車事業は沿線の住宅開発を併せて行うという斬新なアイデアで発展を遂げていきます。

それだけに止《とど》まりません。一三はやがて電車事業を中心に百貨店、映画、歌劇など幅広い事業を推し進めて人々を驚かせ、関西の経済を大きく牽引《けんいん》していきました。

そういう体験をしてきた人の言葉だけに説得力があります。

「ないからできない、あればできる」というのは凡人の陥りやすい通弊《つうへい》ですが、なくてもそこに創意工夫を加えて、できるようにするのが達人なのでしょう。

この言葉は「時間がないからできないという人は、時間があってもできない」というふうにも言い換えられます。心したい言葉です。

窮達《きゅうたつ》は命《めい》なり
吉凶《きっきょう》は人に由《よ》る

『文選《もんぜん》』

困窮《こんきゅう》に追い込まれたり、栄達に恵まれたりすることは、いわば人知人力を超えた運命、宿命ともいうべきものだが、それを吉とするか凶とするかは、その人の心次第である、という意味の言葉です。

ともすれば私たちは、国家の興亡や人生の幸不幸などは、自分にはどうにもならない運命のように思い、諦《あきら》めてしまいがちですが、そうではないことをこの言葉は教えてくれています。

国家の難題でも、人格の優れた立派な政治家が国を治めていれば無事に解決するし、凡庸《ぼんよう》な政治家であればたちまち国を破滅に導いてしまうことになる。また、企業でも個人でも、困窮を糧にしてさらなる成長を遂げていく人もいれば、すべてに恵まれていながら自ら人生を堕落させていく人もいる。

窮達は命なり、吉凶は人に由る――。この先人の言葉を骨髄《こつずい》に徹して知っておくことこそ、自らの人生をよりよい方向に切り開いていく大事なセオリーの一つだといえるでしょう。

おのれの持ち場を保ち、
最後まで、それを守りつづける者こそ
真の勇者である

ロバート・ブレア

十八世紀のスコットランドの詩人・ロバート・ブレアの『死よ、墓より語れ』という長詩の一節です。

言葉は簡単ですが、様々な人生体験を経てきた人には深い響きをもって迫ってくる言葉でしょう。

昔、住友生命保険会長の新井正明氏から、

「人は窮地《きゅうち》に立ったら、逃げるか、ごまかすか、病気になるかのいずれかを辿《たど》る人が多いが、追い詰められた時に、その人の本当の値打ちが分かる」

と言われたことがあります。

どんな状況にあっても、己の持ち場を保ち、最後までそれを守り続ける者が真の勇者だという言葉には、心を鼓舞するものがあります。

人は仕事でも家庭でも常にそれぞれの持ち場を与えられて生きています。その持ち場を守り通せてこそ、真に人生の花を咲かせることができる。そのことをブレアの言葉は教えてくれています。

天意夕陽を重んじ
人間晩晴《ばんせい》を貴《たっと》ぶ

渋沢栄一

九十一年の生涯に、約五百の企業の創設や育成に関わり、約六百の教育機関・社会公共事業の支援並びに民間外交に尽力したことから、日本資本主義の父と称される渋沢栄一翁。

その渋沢翁が晩年、好んで揮毫《きごう》したのが右記の言葉です。

一日を懸命に照らし続け、西の空を茜色《あかねいろ》に染めて沈んでいく夕陽の美しさは実に感動的です。それは天が夕陽のような生き方を重んじていることの表れに他なりません。

その夕陽のように人間もまた、若くして才があり、もてはやされながら、晩年は見る影もないという早成の人生ではなく、年とともに佳《か》境《きょう》に入り、晩年になるほど晴れ渡っていく、熟成していく人生を送ることが貴いのだと教えてくれています。

渋沢翁のみならず、明治の実業家は晩晴の一語を愛したようです。彼らが見事な生き方をしたことと、この言葉を愛したことは無縁ではないでしょう。現代に生きる私たちも目指したい境地です。

修行においては、これまで成就《じょうじゅ》ということはなし。成就と思うところ、そのまま道にそむくなり。一生の間、不足不足と思いて、思い死するところ、後より見て、成就の人なり

『葉隠《はがくれ》』

「武士道といふは、死ぬ事と見附《みつ》けたり」の一節で有名な『葉隠』の言葉です。

『葉隠』は、江戸中期、肥前国《ひぜんのくに》鍋島藩士の山本常朝が説いた武士の心得を書き留めたものです。とはいえ、その内容は時代を超え、現代を生きる私たちにも貴重な教訓を与えてくれます。

ここでいう「修行」も、一部の人だけに相当する特別な営みではなく、普段自分が携わっている仕事や家事などに置き換えて読んでみると、身に迫ってくるものがあります。

何事も真剣に取り組めば、いくらでも改善点が見出せるもので、決してここまででよいという終点はありません。

もっと、もっとと努力を続けるうちに、思いがけない高みに至っているもので、その姿が後から来る人には「成就の人」と映るのでしょう。

このような心構えで、日々、自分の為すべきことに真摯《しんし》に取り組んでゆきたいものです。

第二章

心の工夫

長寿の秘訣――
二つあります。
笑うこと。退屈しないこと

百二十二歳まで生きた
ジャンヌ・カルマン

確実な証拠のある「歴代最高齢人物」として知られる、フランス人女性ジャンヌ・カルマンさん（一八七五〜一九九七年）は、実に百二十二年という人生を生き抜いた方です。

八十五歳でフェンシングを始め、百歳になるまで自転車を乗りこなし、百十七歳まで煙草を吸い続けていたというカルマンさんですが、長生きの秘訣《ひけつ》について聞かれ、「笑うこと」「退屈しないこと」の二つだと答えられています。

シンプルな言葉ですが、世界の最高齢者の言葉はさすがに核心をついています。

私たちもよく笑い、たえず好奇心を湧き立たせ、充実した人生を生きましょう。

人間は一人で大きくなったのではない。
会社もまた一人で大きくなったのではない。
慌《あわ》ただしい日々の中にも、
時に過去の歩みを振り返って、
世と人の多くの恵みに感謝する心を
お互いに持ちたい

松下幸之助

十歳で丁稚《でっち》奉公となり、様々な試練を経て大事《だいじ》を成した人の言葉には、胸を打つ響きがあります。

昭和五十三年、松下電器創業六十周年式典で当時八十三歳だった松下幸之助氏はこのように語られています。

「いまから六十年前に松下電器を創業したときは、わずか三人だった。六十年後の今日では、六万人を超える人数になっている。関係会社を入れると十五万人に達している。そういう人たちがみんな松下電器で仕事をしているかと思うと、私としては夢のようである」

そして、演壇から歩み出て深々と三度頭を下げ感謝の気持ちを表したといいます。

会社や事業が大きくなるにつれ、人はともすれば感謝の心を忘れ、傲慢《ごうまん》に陥りやすいものですが、恩を知り恩に報いる気持ちを失わずに持ち続けたことこそ、松下氏が一代で世界的企業を築き上げた所以《ゆえん》なのでしょう。寝食を忘れて働きながら、時にお世話になった人を思う。

経営の神様といわれる人の言葉は、私たちが仕事をする上で、大事な妙諦《みょうてい》を教えてくれています。

忠勤を尽くして至善《しぜん》と思う者は忠信にあらず。忠勤を尽くして報徳と思う者は忠信なり

二宮尊徳

江戸後期の農政家で、その生涯に六百余の農村復興に携わり「再建の神様」と称せられる二宮尊徳。そんな尊徳が最も苦心したといわれるのが、三十六歳の時に命を受けて行った下野国《しもつけのくに》桜町領の復興事業です。

桜町に来て既に七年が経っても、民は尊徳の心を理解せず、逆に様々な抵抗をする。尊徳は、もし桜町の人々を救うことができなければ己が身を火に投ずる覚悟をし、成田山不動尊で二十一日間に及ぶ断

食修行を満行し、次のことを悟るのです。

たとえ誠の心をもって勤めても、自分はこんなに頑張っているのにという自負心があれば、それは本当の真心とは言えない。誠の心をもって勤め、これこそが普段、我が身に受けている限りない恩恵に報いる道だと自覚する。それこそが本当の真心というものだ。

この気づきは尊徳の心に一大転機をもたらし、桜町の復興は見事、果たされたのです。私心というものを本当に捨て去ることができた時、天地もまたこれに感応してくれるものなのかもしれません。

太陽は
夜が明けるのを待って
昇るのではない
太陽が
昇るから
夜が明けるのだ

東井《とうい》義雄

兵庫県・但馬《たじま》の地を出ることなく、一教師として、村の教育、子供たちの教育に一生を捧《ささ》げた東井義雄先生。

生前に残した言葉は『東井義雄一日一言』（弊社刊）に収められ、その一語一語が千金の如《ごと》くまばゆい輝きを放っています。

右記の言葉も物事の深い真理を突いていますが、この言葉はこうも言い換えられるのではないでしょうか。

「条件が整うのを待ってから仕事を始めるのではない。自分の心に火をつけるからよい仕事が始まる」

すべての条件が整った上でスタートする仕事など、滅多にありません。自らの心を燃やすことからすべては始まることを、この言葉は教えてくれています。

新しき計画の成就はただ不屈不撓《ふくつふとう》の一心にあり。

さらばひたむきに、ただ想え、気高く、強く、一筋に

中村天風《てんぷう》

人間の持つ信念や言葉に宿る力の存在を説き、政財界をはじめ多くの人々から師と慕《した》われた中村天風師。

京セラを一代で世界的企業に育てた稲盛和夫氏も信奉者《しんぽうしゃ》の一人で、氏は経営破綻《はたん》に陥ったＪＡＬの会長に着任早々、右記の言葉を紹介し、社員を鼓舞したといいます。それは同社内に貼《は》り出され、奇跡の再建劇を果たす原動力になっていきました。

新たな計画を成就させるには、幾多《いくた》の困難が待ち受けていることは

必至です。だからこそ、何物にも屈しない強烈な願望を胸に抱き、敢《かん》然《ぜん》と、ひたむきに歩まなくてはならない。

日頃どういう言葉を口にしているか、言葉の質こそがそれにふさわしい運命を招来《しょうらい》します。挫《くじ》けそうになる時に口ずさみ、自らを鼓舞したい至言です。

本気になると
世界が変わってくる
自分が変わってくる
変わってこなかったら
まだ本気になっていない証拠だ

坂村真民《しんみん》

「念ずれば花ひらく」の詩で知られる仏教詩人・坂村真民先生。生涯に残した一万篇以上もの詩はいまなお多くの人々の心を勇気づけています。

その先生が一生、自分のテーマとしたもの、それが「本気」だったと思います。本気を出したら世界が変わってくる。変わってこなかったら、まだ本気を出していない証拠。このことは一道を切り開いた人が共通して言っていることです。

もう一つ、こんな詩も紹介しておきたいと思います。

「なにごとも／本腰にならねば／いい仕事はできない／新しい力も／生まれてはこない／本気であれ／本腰であれ」

あなたは本気で自らの仕事、一道に取り組んでいますか――

真民先生の叱咤《しった》が聞こえてくるようです。

過去を追うな。
未来を願うな。
ただ今日成すべきことを熱心になせ

釈迦《しゃか》

時は一定のリズムを刻んで過去から未来へと流れ続けています。過ぎ去った時は二度と取り返すことはできず、また、まだ来ぬ時を先取りすることもできません。

にも拘《かかわ》らず、私たちは過去を悔やんでいつまでもくよくよと悩み、まだ来ぬ未来にいらぬ期待や不安を抱いて、己の足下を疎《おろそ》かにしてしまいがちです。

いまからおよそ二千五百年前、この世の真理を悟った釈迦は、苦しみ惑う衆生《しゅじょう》に幸福へ至る道を示しました。

この言葉は、その釈迦が示した教えの一つです。

過去を悔やまず、未来を憂《うれ》えず、いま・ここを精いっぱい生きる。

人生というものは、その積み重ねでしか切り開いていけないことを、釈迦は私たちに説いてくれています。

事を先にして得ることを後にするは、徳を崇《たか》くするに非《あら》ずや

『論語』

『論語』顔淵篇《がんえんへん》にある言葉です。樊遅《はんち》というお弟子さんが孔子のお供をして舞雩台《ぶうだい》という雨乞《あまご》いをする祈りの場所に散歩に行った折、孔子にどうすれば徳を崇くすることができるのかと訊《たず》ねた時に孔子が答えた言葉です。

まずやるべきことをやる。それによってどんな報酬を得られるかを考えるのは後回しにして、自分に与えられた使命を果たしていく。その積み重ねが、徳を高める道だと孔子は説いています。

平凡な話のようですが、徳を高くする第一歩はここから始まるのではないかと思います。「損得」より「尊徳」と言いますが、自分のなすべきことをなさず、損得ばかり考えている人に徳が積まれないのは自明《じめい》の理《り》。範としたい言葉です。

人間の偉大さは
才能の多少よりも
自分に授かっている天分を
生涯かけて出し尽くすかどうかにあるのです

森　信三

しつけの三原則や立腰《りつよう》教育などでも知られ、戦後日本の教育界に多大な影響を及ぼした森信三先生の言葉です。

森先生は幼い頃は家庭環境に恵まれず、進学にも就職にも苦労した上に、人生の後半においても身内の不幸、自身の病気にも見舞われながら、全一学《ぜんいつがく》という独自の哲学を生み出し、国民教育者の師父と仰がれるまでに自身を磨き上げました。

この言葉は、逆境の人生を歩まれた森先生ならではの人生観の提唱と言えましょう。

先生は次のようにも説いています。

「能力よりも真剣な人のほうが人生の最後の勝利者となる」

この言葉に勇気づけられた人は少なくないでしょう。

人生いかに生くべきかを説く至言です。

せっかく人間として生まれてきたのである。
ただ外の花を楽しむだけではなく、
自らの内に咲かせる心の花を楽しもうではないか

平澤　興《こう》

綺麗《きれい》な花のみならず、映画や舞台の観賞、スポーツ観戦など、他のものを見ては楽しみ、騒ぎ、盛り上がる。そういうことばかりに現《うつつ》を抜かすのではなく、自分の花を咲かせるために、コツコツ努力し続けていくところにこそ楽しみを見出すことが大事である、と平澤興先生は述べています。

脳神経解剖の大家と称され、生涯燃える情熱を持ち、自己との約束を守り続けた人生の達人だからこそ、紡ぎ出せる珠玉の名言でしょう。

向井千秋さんが日本人女性初の宇宙飛行士として宇宙へ行き、連日ニュースで取り上げられていた時、平澤先生はこう言いました。

「皆さんは向井さんが宇宙に行っている姿を見て感動していますけど、私が人間をずっと研究する中で、この宇宙における最高、最大の奇跡は人間だと気づいた。だから、私は天を拝む、人を拝む、己を拝む。また、拝める自分になりなさい」

右記の言葉と相通じるものがあります。

人生や仕事に対するテーマを定め、そこに向かって一心不乱、無我夢中に打ち込んでいく中で自分の花は咲く。このことを教えてくれる言葉です。

第三章

生涯学び続ける

五事《ごじ》を正す（貌《ぼう》、言《げん》、視《し》、聴《ちょう》、思《し》）

中江藤樹《とうじゅ》

近江《おうみ》聖人として親しまれた中江藤樹は、その後半生を故郷・近江での門人教育に費やしました。持病の喘息《ぜんそく》と闘いながら、粗末な会所（後の藤樹書院）で門人や村人たちに学問を教えたばかりでなく、目の前の一人ひとりの悩みや苦しみに向き合い、真心を込めて導いていきました。

「五事を正す」はその藤樹が人生の戒めとしていた言葉です。五事とは、次の五つです。

・貌（和やかな顔つきをする）
・言（思いやりのある言葉を使う）
・視（澄んだ目で物事を見る）
・聴（耳を澄ませて人の話を聴く）
・思（真心を込めて相手を思う）

誰の心にも等しく明徳仏性《めいとくぶっしょう》があると説いた藤樹ですが、五事を正すことは、自らの明徳仏性を明らかにする上での平素の大切な心掛けと捉《とら》えることもできます。シンプルな言葉ですが、現代に生きる私たちにも大切な教えだと思います。

あの人

あの人がゆくんじゃ
わたしはゆかない
あの人がゆくなら
わたしもゆく
あの人
あの人
わたしはどっちの
あの人か？

相田みつを

『相田みつを作品集トイレ用日めくりひとりしずか１』発行：相田みつを美術館
@相田みつを美術館

詩人として、書家として、人の心を癒やし、励ます作品を生涯にわたって創り続けた相田みつを氏。時に優しく、時に厳しい響きをもって、その言葉は私たちの心に語り掛けてきます。

右記の詩に、思わずドキリとしてしまった方も多いかもしれません。何気ない言葉のようですが、果たして自分はどちらの「あの人」になっているだろうかと、深い内省を促される一文です。

「あの人がゆくなら／わたしもゆく」。人の上に立つ人には、とりわけ問われる資質でしょう。そしてその境目となるのは、いかなる時も誠実に、真摯に、仕事や人生に臨んでいる、その日常生活の過ごし方にこそあるように思えてなりません。

この環境の中から金メダルは生まれる

井村雅代

リオオリンピックのシンクロ種目（現・アーティスティックスイミング）で日本に復活のメダルをもたらした井村雅代さん。これが自身九度目となったオリンピックの舞台でしたが、試合環境はこれまでで最悪だったと振り返られています。

選手村の環境は言うに及ばず、試合用のプールに至ってはバクテリアが発生していたというのですから驚きです。そのため試合前の練習もままならない状況で本番を迎えることになりました。

それでも、井村さんは選手たちの前では絶対に愚痴《ぐち》を口にしなかったのです。どんな悪条件に晒《さら》されようと、どのチームも条件は一緒。そうであればこの条件の中で最善を尽くそう。井村さんのこの一語で選手たちの心が金メダルに向けて、一つになったのだと思います。

リーダーが発する一語の大事さを教えてくれる言葉です。

一人一人がみんな高くなることだ
一人一人がもっと反省することだ
一人一人が自分の心をもち
自分の道をゆくことだ
一人一人が和やかな心をやしない
たがいに助けて働くことだ
日本の前途は
一人一人の心できまる

後藤静香《せいこう》

大正・昭和期に活躍した社会教育家の後藤静香。社会運動団体である「希望社」を創立し、一人ひとりの心に眠る明徳《めいとく》を明らかにすべく、「人はいかに生きるべきか」との問いを八十四年の生涯をかけて探求し続けました。

修養機関誌『希望』は昭和初期に同志が百万人を超え、多くの人の心に火を灯しました。氏の活動はそれだけにとどまらず、ハンセン病患者や視覚障碍《しょうがい》者への手厚い支援を行い、社会福祉の先駆者として無私の精神で他者に尽くし切った人生でもありました。

「一人一人が」と題されたこの詩は、そんな氏の願いが込められた作品です。

日本の前途が明るくなるか暗くなるかは、一人ひとりの心で決まるというのは不変の原理です。一人ひとりの心を高めなければならない。我われが人間学を盛んにしなければならない所以《ゆえん》もそこにあります。

父は子どもの敬の的、母は愛の座

安岡正篤《まさひろ せいとく》

昭和の歴代首相や名だたる経営者など、政財界のリーダーの指南役を務め、碩学《せきがく》と称された東洋思想家・安岡正篤先生の言葉です。安岡先生は、国家の基盤は家庭にあり、健全な家庭がなければ、国家や社会の発展もないことを強調され、現代社会の最も大きな問題の一つは家庭というもの、父母の道というものが衰えたことにあると警鐘を鳴らされていました。

その実情を見て、安岡先生が唱えられたのがこの言葉です。

そして先生は、家庭において父は子どもの尊敬の対象であれ、母は子どもを愛で包む存在であれ、と言うのです。

人が人として正しく育っていくためには、愛だけではいけない、愛とともに敬するものを持って初めて人は人となり、成長する――。安岡先生の持論です。

健全な家庭の根本は、父と母のあり方にあります。

父は敬の的、母は愛の座――。

日本全国津々浦々に、そういう家庭が増えることを願ってやみません。

人は阿留辺畿夜宇和《あるべきようわ》と云《い》う七文字を持つべきなり。
僧は僧のあるべき様《よう》、
俗は俗のあるべき様なり。
乃至《ないし》、帝王は帝王のあるべき様、
臣下は臣下のあるべき様なり。
此《こ》のあるべき様を背《そむ》く故《ゆえ》に、一切悪しきなり

明恵上人《みょうえしょうにん》

明恵上人は鎌倉時代を生きた華厳宗《けごんしゅう》の僧です。戒律《かいりつ》を重んじ、その護持《ごじ》に努めたことで知られる高僧ですが、釈迦如来《しゃかにょらい》に近づきたい一

心で自分の耳を切り落として祈ったという逸話からも、その求道心の強さを知ることができます。

上人が説く「阿留辺畿夜宇和」とは、人はそれぞれの環境や立場でいかにあるべきか、という意味の言葉です。

現代的に言えば、上司は上司の、部下は部下の、父母は父母の、子弟は子弟としての「あるべきよう」を持て、と言っているのです。そして人が「あるべきよう」から外れた時に様々な悪が生じると警告しています。

シンプルな言葉ですが、人生の真理を説いて余りあるものがあります。

一人ひとりの人間の中には
どれだけ多くの人たちが
重なり重なり生きていることでしょうか

松原泰道《たいどう》

百一歳の天寿《てんじゅ》を全《まっと》うされた禅の高僧・松原泰道さんの言葉です。言われてみて、本当にその通りだなあと思う言葉がありますが、この言葉もその一つです。

一人の人間が、赤ちゃんとして生まれ、幼少期を過ぎ、成人して大人になり、やがて生を終える。父母きょうだい、縁戚だけではない、学校の先生、友達、近縁の人、会社・仕事を通じて出会った人たち。

私たちの人生は直接間接、どれだけの人とご縁を得てきたか、計り知れないものがあります。そんな生命の実相《じっそう》をやさしく教えてくれている言葉です。

限りない縁の重なりのおかげで、我が生があることを思い、感謝の日々を生きたいものです。

人はその一心だに決定《けつじょう》すれば、
いかなる環境に置かれようとも、
何時《いつ》かは必ず、道は開けてくるものである

森 信三

在野の哲学者・教育者として、講義や著述活動の傍《かたわ》ら全国津々浦々への講演行脚《あんぎゃ》に明け暮れ、「国民教育の師父《しふ》」と仰がれた森信三先生。

しかし、その生涯は決して恵まれたものではありませんでした。

二歳の時に何の縁もない小作農の家の養子に出された森先生は、貧困や病苦、肉親の不幸に直面しながら、いかなる艱難辛苦《かんなんしんく》にも屈する

『致知』定期購読お申し込み

<table>
<tr><td>フリガナ</td><td colspan="3"></td><td>性別　　男　・　女</td></tr>
<tr><td>お名前</td><td colspan="3"></td><td>生年月日(西暦)
年　　月　　日</td></tr>
<tr><td>会社名</td><td colspan="3"></td><td>役職・部署</td></tr>
<tr><td>ご住所
(送付先)</td><td colspan="4">〒　　－　　　自宅　会社　(どちらかに○をしてください)</td></tr>
<tr><td>TEL</td><td colspan="4">自宅　　　　　　　　　　会社</td></tr>
<tr><td>携帯</td><td></td><td>ご紹介者</td><td colspan="2"></td></tr>
<tr><td>メール</td><td colspan="4"></td></tr>
<tr><td>職種</td><td colspan="3">1.会社役員　2.会社員　3.公務員　4.教職員
5.学生　6.自由業　7.農林漁業　8.自営業
9.主婦　10.その他(　　　　)</td><td>弊社記入欄
S</td></tr>
<tr><td>最新号より
毎月　　冊</td><td>ご購読期間</td><td colspan="3">(　　)1年 10,500円(12冊)
(　　)3年 28,500円(36冊)
(税・送料込)</td></tr>
</table>

※お申込み受付後約1週間で1冊目をお届けし、翌月からのお届けは毎月7日前後となります。

FAX.03-3796-2109

郵 便 は が き

料金受取人払郵便

渋谷局承認

8264

差出有効期間
令和7年12月
15日まで
（切手不要）

1 5 0 8 7 9 0

584

東京都渋谷区
神宮前4－24－9

致知出版社

行

『致知』定期購読お申し込み方法

◉電話 **03-3796-2118**
◉FAX **03-3796-2109**
◉ホームページ
https://www.chichi.co.jp
致知 で 検索

お支払方法

●コンビニ・郵便局でご利用いただける専用振込用紙を、本誌に同封または封書にてお送りします。

●ホームページからお申し込みの方は、カード決済をご利用いただけます。

『致知』購読料

●毎月1日発行 B5版 約160～170ページ

1年間（12冊）▶ 10,500円（税・送料込）
（定価13,200円のところ2,700円引）

3年間（36冊）▶ 28,500円（税・送料込）
（定価39,600円のところ11,100円引）

お客様からいただきました個人情報は、商品のお届け、お支払いの確認、弊社の各種ご案内に利用させていただくことがございます。詳しくは弊社HPをご覧ください。

1978年創刊。定期購読者数11万人超

あの著名人も『致知』を読んでいます

鈴木敏文 氏

セブン&アイ・ホールディングス名誉顧問

気がつけば『致知』とは創刊当時からの長いお付き合いとなります。何気ない言葉が珠玉の輝きとなり私の魂を揺さぶり、五臓六腑にしみわたる湧き水がごとく私の心を潤し、日常を満たし、そして人生を豊かにしてくれている『致知』に心より敬意を表します。

栗山英樹 氏

侍ジャパントップチーム前監督

私にとって『致知』は人として生きる上で絶対的に必要なものです。私もこれから学び続けますし、一人でも多くの人が学んでくれたらと思います。それが、日本にとっても大切なことだと考えます。

お客様からの声

私もこんなことで悩んでいてはいけない、もっと頑張ろうといつも背中を押してくれる存在が『致知』なのです。

（40代 女性）

『致知』はまさに言葉の力によって人々の人生を豊かにする月刊誌なのではないでしょうか。

（80代 女性）

最期の時を迎えるまで生涯学び続けようという覚悟も定まりました。

（30代 男性）

人間学を学ぶ月刊誌 致《ち》知《ち》
定期購読のご案内

月刊誌『致《ち》知《ち》』とは?

有名無名・ジャンルを問わず、各界各分野で一道を切り拓いてこられた方々の貴重な体験談を毎号紹介しています。
書店では手に入らないながらも口コミで増え続け、11万人に定期購読されている、日本で唯一の人間学を学ぶ月刊誌です。

致知出版社 お客様係　〒150-0001　東京都渋谷区神宮前4-24-9
TEL 03-3796-2118

ことなく、人生真理の探究に打ち込み、独自の人間哲学、教育哲学を切り開いていかれたのです。その生涯を思う時、この言葉がより一層の重みをもって心に響いてきます。

人生の極意を説いた言葉と言えましょう。

人の性《せい》は物に因《よ》りて遷《うつ》る。学ばざれば則《すなわ》ち君子を捨《や》めて小人《しょうじん》となる

欧陽《おうよう》　脩《しゅう》

中国は北宋《ほくそう》時代の政治家、文学者である欧陽脩の言葉です。
人の性質は触れるものによって変わる。

聖賢の教えに学ばないと立派な人物になろうとすることをやめてつまらない人間になってしまう、ということです。

人はなぜ学ばなければならないのか。

その本質を端的に示した貴重な警句《けいく》と言うべきでしょう。

拳拳服膺《けんけんふくよう》し、自分を律していきたい言葉です。

体の中に
光を持とう
どんなことが起こっても
どんな苦しみのなかにあっても
光を消さないでゆこう

坂村真民

坂村真民先生の一生は求道の一生だったと思います。
自分は自分を創るために詩を書く
その詩をもって人々の心に光を灯す

——この二つを生涯のテーマとして九十七歳まで詩を書き続けました。

それだけに真民先生の詩には不思議な力が宿っています。祈りと言ってもいいかもしれません。この詩もその一つです。人生行路《こうろ》のいろいろな節目の中にいる人たちを勇気づけ、力を与えてくれる詩です。

第四章

二度とない人生をどう生きるか

夢を持て。
希望を持て。
夢を持たぬ人生は動物的には生きていても、
人間的には死んでいる人生

平澤　興

脳神経解剖《かいぼう》の大家であり、京都大学第十六代総長も務めた平澤興先生。

平澤先生自身も常に夢・希望を持ち、生涯を歩まれたのでしょう。

夢を持ち、希望を持つから、人は人生を切り開いていけるのです。

人生に立ちふさがる抵抗・障害も、夢・希望があるから乗り越えていけるのです。

平澤先生は、温情家として知られた人です。その人が「夢を持たぬ人生は動物的に生きていても、人間的には死んでいる人生」と言っています。

地球上の全生命の中で夢・希望を持てるのは人間だけです。人間としての徳性をフルに発揮して人生を送りたいものだと思います。

徳と毒はよくにている。
徳は毒のにごりを取ったものだ。
毒が薬ということばもあるではないか。
毒になることでも、そのにごりを取れば
徳になるのである

常岡《つねおか》一郎

慶應義塾大学在学中に結核になり、学業を捨て闘病、求道の生活に入った常岡一郎氏の言葉です。氏は右の言葉に続けて、次のように述べています。

「どんないやなことでも、心のにごりを捨てて勇んで引き受ける心が徳の心だ。いやなことでも、辛《つら》いとかいやとか思わないでやる、喜んで勇みきって引き受ける、働きつとめぬく、それが徳のできてゆく土台だ。ばからしいとか、いやだなあというにごった心をすっかり取って、感謝と歓喜で引きうけるなら辛いことほど徳になる」

こういうことをさらりといえる人を悟った人というのでしょう。

徳（とく）と毒（どく）は一字の違い。心ににごりがあると毒になる。心したいことです。

能力を未来進行形でとらえる

稲盛和夫

人生を決めるのは心の習慣です。それを身を以《もっ》て示してくれているのが、京セラ創業者の稲盛和夫さんでしょう。

稲盛さんはこう言っています。

「私は、新たなテーマを選ぶとき、あえて自分の能力レベル以上のものを選びます。いわば、今どうあがいてもできそうもないテーマを選び、未来の一点で完成するということを決めてしまうのです。（略）今の能力をもって、できるできないを判断することは誰にでもできます。しかし、（略）今できないものを、何としても成し遂げようとすることからしか、画期的な成果は生まれません。
『自己の能力を未来進行形でとらえる』ことが、新しいことを成し遂げようとする人には要求されるのです」

世間から不可能だと揶揄《やゆ》された第二電電（現・ＫＤＤＩ）の創業や日本航空の再建を成功させた人の言葉に学び、能力を未来進行形で捉え、運命を開いていきたいものです。

十里の旅の第一歩
百里の旅の第一歩
同じ一歩でも覚悟がちがう
三笠山《みかさやま》にのぼる第一歩
富士山にのぼる第一歩
同じ一歩でも覚悟がちがう
どこまで行くつもりか
どこまで登るつもりか
目標が
その日その日を支配する

後藤静香

傍目《はため》から同じように見える一歩でも、覚悟を秘めた者の一歩は気迫に満ち、眼差《まなざ》しは遠くにある。目標の高さは、志の高さと同義であるかもしれません。

誰しもに公平に与えられている「時間」についても同じことが言えないでしょうか。同じ一日、同じ一時間、同じ一分。されど、人生にどんな目標や志を持っているかによって、その質量が決定されてしまう。

「どこまで行くつもりか／どこまで登るつもりか／目標が／その日その日を支配する」の言葉が胸に迫ってきます。

一度きりの人生、高い志を胸に、一歩一歩を積み重ねてゆきたいものです。

五十六十鼻たれ小僧
七十八十働き盛り
九十になって迎えが来たら、
百まで待てと追い返せ

作者不明

〝明治人の気概《きがい》〟といいますが、明治という時代を生きた人には気概がある人が多かったようです。

例えば当時八十六歳だった明治期の実業家・浅野総一郎氏が、五十代の新潮社創業者・佐藤義亮《よしすけ》《ぎりょう》氏にこういう言葉をかけています。

「大抵の人は正月になると、また一つ年を取ってしまったと恐《こわ》がるが、私は年なんか忘れている。そんなことを問題にするから早く年がよって老いぼれてしまう。世の中は一生勉強してゆく教場であって、毎年毎年、一階ずつ進んでゆくのだ。年を取るのは勉強の功を積むことに外ならない。毎日毎日が真剣勝負。（略）

私にとって、この人生学の教場を卒業するのはまず百歳と腹に決めている。昔から男の盛りは真っ八十という。あなたは五十代だそうだが、五十など青年。大いにやるんですな」

右の言葉はいつの時代のどなたの言葉かは分かりませんが、こういう気概は大事です。私たちも先人に習い、こういう気概で人生に臨んでいきたいものです。

恰好《こうこう》

『趙州録《じょうしゅうろく》』

人生には三つの「さか」があると言います。上り坂、下り坂、そして「まさか」です。

上り坂、下り坂はある程度予測がつきますから、それなりの対処はできます。大変なのは「まさか」です。不意にくるから予測がつきません。

その大変な「まさか」、即《すなわ》ち大困難がきたらどうすればいいですかと弟子が中国唐代の名僧といわれた趙州に質問する。その時、趙州の答えた言葉が「恰好！」――よしきた！です。

「恰好」は現代的な読み方をすると「かっこう」ですが、本当は「こうこう」と読むのが正しいそうです。『心に甦る「趙州録」』の著者で、在家禅の大家・窪田慈雲《じうん》老師から教わりました。

大困難がきた時、大抵の人はうろたえますが、よしきたと受け止めると、その後の展開が違います。

人生、いかなる時も、よしきたと受け止めていく。その修養を積みたいものです。

弊社刊『生きる力になる禅語』で著者の阿純章《おかじゅんしょう》氏（天台宗圓融寺《えんゆうじ》住職）が最も好きな禅語として挙げられている言葉です。

一人の心は誠に僅々《きんきん》たるが如《ごと》しといえども、その至誠《しせい》に至りては鬼神《きしん》これが為に感じ、天地の大いなるも、これが為に感動す

二宮尊徳

二宮尊徳の弟子の富田高慶《こうけい》が師の思想と活動を綴《つづ》った『報徳記《ほうとくき》』の中に出てくる一節です。

一人の心の力は非常に僅《わず》かなように思えるが、その真心、誠実さが極まれば、周囲の人々はもとより鬼の神や天地の創造主をも感動させることができる。

尊徳は幕末の動乱の時代に、一切の国事を論ぜず、一発の銃弾も打たず、一滴の血も流さず、六百余の荒廃《こうはい》した村を再興し、また武家の財政再建にも携《たずさ》わりました。

なぜそれほどの大事業を成し遂げることができたのか。それは尊徳の並々ならぬ「至誠と実行」に尽きるでしょう。

とりわけ印象的なのは、三十六歳で小田原藩主より桜町領の再建を命じられた時のこと。尊徳は家屋敷と田畑をすべて売り払い、それを再建資金に充《あ》て、退路を断って現地に足を踏み入れます。反対派の執《しつ》拗《よう》な妨害に遭ったものの、朝四時起床、夜零時《れいじ》就寝で誰よりも率先して人のために働き続けたことで、反対派を翻意《ほんい》させ、遂に復興を果たしました。

この言葉は尊徳が実体験の中で掴《つか》んだ真理です。私たちも天の味方を得られるくらいに真摯《しんし》な努力を積み重ねていきたいものです。

しきしまの　大和《やまと》の国は　言霊《ことだま》の
佐《たす》くる国ぞ　ま幸《さき》くありこそ

柿本人麻呂《かきのもとのひとまろ》

新元号「令和」の出典になった『万葉集』に収録された歌で、歌聖《かせい》と称された柿本人麻呂が詠んだものです。

「しきしまの」は「大和」に掛かる枕詞《まくらことば》です。日本は言霊が助けてくれる国です、どうぞ幸せをもたらしてください、という祈りが込められた歌です。日本という国は言霊に満ちていることへの喜びと願いが込められているといってもよいでしょう。

日本の言葉には言霊がある——。奈良時代から人々がそう思っていたことに深い感動を覚えます。

日本がその言葉通りの国になってゆくことを願わずにはおれません。

あなたの「これから」があなたの「これまで」を決める

佐治《さじ》晴夫

長年、宇宙の摂理を研究してこられた佐治晴夫博士が掴《つか》まれた人生の真理です。理論物理学も最終的には人間学に行き着くのでしょう。

普通は、これまでこういう生き方をしてきたから、その連続線上にその人の未来があると考えがちですが、そうではありません。

「あなたの『これから』があなたの『これまで』を決める」と博士は言います。

これまでどんな立派な実績を上げていても、これからがお粗末だとその実績も色褪《あ》せてしまう。逆に過去がどんなにみすぼらしくとも、これから素晴らしい未来をひらいていけば、みすぼらしい過去も光り輝いてくる、ということでしょう。

まことに含蓄《がんちく》のある人生訓です。

文明の最高目的は人間人格の発展である

アレキシス・カレル

カレルは一九一二年にノーベル生理学・医学賞を受賞した医学者です。世界的な名声を手にしながらも、「人間は自分の外の世界、例えば宇宙、物理、数学などでは、ものすごい発展を遂げた。ところが、人間とは何ぞやということになると一向に解明できていない」と語り、人間とはいかなるものかを生涯のテーマとしました。

人間以外のあらゆる動物にとって、生きることは食べることです。人間もまた、長い間この連鎖の中にありましたが、人間は文明を発達させることで食糧を保存備蓄するようになり、この連鎖を断ち切りました。

しかし、天は楽をさせ、安逸《あんいつ》を貪《むさぼ》らせるために文明を開く力を人間に与えたのではありません。人格をさらに発展させてほしいという願いをもって人に文明を開く力を与えたのだ、とカレルは言っているのだと思います。

「コロナの世界的大流行、各地での紛争など、天は人類をして「最高目的」を果たさせるべく、その自覚を深めさせるために試練を与えたのではないか。そう感じずにはいられません。

第五章

生き方の極意

切に思うことは必ず遂《と》ぐるなり

道元《どうげん》

曹洞《そうとう》宗の開祖・道元が弟子たちに折に触れ説示した教えを、弟子の懐奘《えじょう》が記した『正法眼蔵随聞記《しょうぼうげんぞうずいもんき》』にある言葉です。

「切実に何とかしたいと思う心が深ければ、その思いは必ず成し遂げることができる」という右記の言葉の後に、道元はこうも述べています。

切に思う心ふかければ、必ず方便も出来《いでく》る様あるべし——切実に何とかしたいと思う心が深ければ、必ずよい手段方法が見つかるものだ、というのです。

逆に言えば、未《いま》だ実現できずにいる事柄があれば、それはまだ、思いの強さ、志が本物になっていないということの証左なのかもしれません。

十三歳で出家し、二十六歳の時、中国・天童山の如浄《にょじょう》のもとで悟りを開いた後も、生涯を修行に生きた道元の言葉は、時代を越え、私たちに強く訴える力を持っています。

運命は自分自身の心の姿である。自分を正すこと以外に運命強化の道はない

常岡一郎

私たちは、いろいろな逆境や試練に遭遇すると、他人や環境に責任転嫁《てんか》してしまいがちです。しかし、それらは「自分自身の心の姿」と常岡一郎氏は言っています。

では、自分を正し、運命を好転させるにはどうしたらいいのか。常岡氏の次の言葉はその一つの指針といえるかもしれません。

「誰でも幸せになりたいと思う。しかし神仏が幸せにしてやりたいと思わなければだめである。幸せにしてやりたいと思われるだけのこと

をしているかどうか。これを反省してみる。幸せへの反省こそ幸せに通じる道である」

十五年間に及ぶ闘病生活など様々な辛苦を通して人生の真理を悟った常岡氏の言葉は、私たちの心に強く響くものがあります。運命に不平を言うより、神仏から幸せにしてやりたいと思われるだけのことをしているかどうか——常にそう自らを省みたいものです。

但惜身命《たんじゃくしんみょう》
不惜身命《ふしゃくしんみょう》

安岡正篤

『安岡正篤一日一言』（弊社刊）の三月四日にこの言葉が紹介されています。

一つの細胞が生まれる確率は一億円の宝くじに百万回続けて当たるような確率であり、人間の身体はその細胞が三十七兆個も集まってできています。まさに人間の命は奇跡の連続の上に成り立っているといえるでしょう。

そう思うと私たちの命は実に尊く、無限に愛惜《あいせき》すべきものであることが分かります。これを「但惜身命」といいます。

一方、私たちが真に道を得るためには、「不惜身命」——命を惜しまぬほどの努力が必要です。安岡先生は、「人の寝るところは半分にし、人の食うところは半分くらいにしても、努力するところは人の十倍も二十倍もやるだけの元気がなければならぬ」とも言っています。

自己の存在を限りなく大切にするがゆえに、命懸けで何かに打ち込む。この人生の極意を掴みたいものです。

死は、前よりしも来《きた》らず、かねて後《うしろ》に迫れり

兼好《けんこう》

日本三大随筆の一つ『徒然草《つれづれぐさ》』。著者・兼好は右記の言葉の後に、こう続けています。

「人皆死ある事を知りて、待つことしかも急ならざるに、覚えずして来《きた》る。沖の干潟《ひがた》遙《はる》かなれども、磯《いそ》より潮の満つるが如し」

人は誰でも、死の来ることを知っているが、そんなに急にやってくるとは思ってもいない。だが、死は予期せぬ時、突如として来る。沖のほうまで干潟になって、遙かな向こうまで広々としている時には潮

が来るとも思わないが、突然、あっという間に磯のほうから潮が満ちてくるのと同じようなことである、と。

そういう覚悟をもって日々を生きよと兼好は私たちに問いかけています。

病中の趣味、嘗《な》めざるべからず。窮途《きゅうと》の景界、歴《へ》ざるべからず

『酔古堂剣掃《すいこどうけんすい》』

東洋の古典『酔古堂剣掃』にある言葉です。

『酔古堂剣掃』は、明《みん》末の教養人・陸紹珩《りくしょうこう》が長年にわたって愛読した古典の中から名言、嘉言《かげん》を収録した読書録です。

人間一人前になるには病気になった時の趣《おもむ》きや味もなめねばならないもの。また、人生行路の窮《くる》しみも経験しておかねばならぬものだということです。

実際、深い人間的魅力を持った人は、一様に人生のある時期にそう

いう体験を経てきた人のように思います。

私たちも人生行路で病に罹《かか》ったり、困窮に陥ったりすることもあるかもしれません。その時に思い出したい言葉です。

奮始怠終《ふんしたいしゅう》は修業の賊《ぞく》なり

呂新吾《りょしんご》『呻吟語《しんぎんご》』

『呻吟語』は、いまから四百年ほど前の中国・明代に生きた呂新吾によって書かれました。そこには人間の生き方、あり方を深く洞察した箴言《しんげん》・金言が数多く鏤《ちりば》められており、その教えはいまなお古びることなく輝きを放ち続けています。碩学・安岡正篤先生にも『呻吟語を読む』（弊社刊）の著書があります。

奮始怠終は修業の賊なり――人間は、最初は何事にも発心して一所懸命に取り組むけれども、だんだん怠け心が出てきて、最後には手を抜いてしまうもの。呂新吾はこの言葉で、物事を成就させるためには、怠け心、「奮始怠終」こそ厳に戒《いまし》めなければならないと言っているのです。

いかなる時でも決して最後まで手を抜かない、一度決心したら途中でやめずに最後までやり抜く。そうした心の姿勢が、人生・仕事を発展させていく根本であることを先人は教えてくれています。

足下《そっか》を掘れ、そこに泉あり

ニーチェ

二〇二〇年春の叙勲で旭日小綬章を受章された作家・宮本輝《てる》氏は、波乱万丈な青年期を経て作家となり、喜寿を越えたいまなお精力的に執筆活動を行っています。

『致知』二〇一二年十一月号特集「一念、道を拓く」にご登場いただいた際に、次のようなお話をいただきました。

「『足下を掘れ、そこに泉あり』という言葉がありますが、皆、自分の足元を掘っていったら必ず泉が湧いてくることを忘れているんです。

あっちに行ったら水が出ないか、こっちに行ったら水が出ないか、向こうに行ったら井戸がないかと思っているけれど、実は自分の足元なんです。与えられた仕事をコツコツと地道にやり続けた先に、自分にしか到達できない泉がある」

すべては自分の足下にある――。忘れてはならない人生の黄金則です。

ああ、そうだ、と気がついた その時があなたのバースデイ

中村天風

人生の真理を求めて諸国を遍歴し、ヒマラヤの麓《ふもと》で覚醒《かくせい》。不治の病を克服して独自の「心身統一法」を確立し、多くの人を導いてきた中村天風師。

この言葉は、自身の人生を踏まえての実感といえるでしょう。

人の第一の誕生日は赤ちゃんとして生まれた時です。これは肉体的生命の誕生です。

しかし大人になり、様々な人生体験を経てある瞬間に、「ああ、そ

うだ」と心の底から気づく時がある。その時に、その人は本当の誕生をしたのだと天風師は言っているのです。

そういうバースデイを持てるかどうか。

そういうバースデイは真剣に求めている人にしか訪れないようです。

馴《な》れるということは何と恐ろしいことであろう。
馴れることによって、感謝すべきことさえ
不満の種になってしまうのだ

三浦綾子

一九六四年、処女小説『氷点《ひょうてん》』で世間の話題をさらい、以後『塩《しお》狩峠《かりとうげ》』など人間の罪と救済を題材に数多の著書を残した三浦綾子さん。

二十四歳で肺結核に罹り、十三年間もの療養生活を余儀なくされながら、そのただ中で夫の光世氏と出逢い、二人三脚の著述活動に入ります。

療養中のある日。見舞い人の多くが土産を持ってくる中、一人の女性が何も置かずに帰っていった。その瞬間「ケチな人だわ」という思いが頭を過《よぎ》り、いつしか卑《いや》しく成り下がっていた自分に慄然《りつぜん》としたといいます。

自他を含めて人間を見つめ続けた三浦綾子さんの言葉は、人間の陥りやすい誤謬《ごびゅう》を衝《つ》いて私たちに迫ります。馴れることなく、感謝すべきことを不満の種にしないよう、心を見張っていきたいものです。

一つ山を登れば、彼方《かなた》にまた大きな山が控えている。それをまた登ろうとする。力つきるまで

中川一政

一道に懸ける迸《ほとばし》るような情熱を感じさせるこの言葉の主は、日本を代表する画家・中川一政氏です。

九十七歳でその生涯を閉じるまで、凄《すさ》まじいまでの気迫で画業に邁《まい》進《しん》、作品の勢いは年齢を重ねるたびにいや増していたといいます。

画壇に鮮烈な足跡《そくせき》を残した求道者の言葉は、人生百年時代を生きる心得を示して余りあります。

思えば『致知』四十余年の歴史の中で八十、九十、百歳まで一道を歩いてこられた方は皆、この中川氏と同じような思いを持って、人生に臨んでいた方ばかりでした。

中川氏はこんな言葉も残されています。

「芸道は白刃の上を行くが如し。懈怠の心あればすぐ身を害う」

一生を求道に生きられた人の言葉に心を正される思いがします。

あとがき

「人古今《ここん》に通ぜず、聖賢を師とせずんば、則《すなわ》ち鄙夫《ひふ》のみ。読書尚友《しょうゆう》は君子の事なり」

吉田松陰の言葉です。人は古今の中から学ぶべき聖賢を見つけて師としなければ、つまらない人間になってしまう。自分を少しでも立派にしようと思う者は、読書を通じて古の聖賢を師友としなければならない、ということです。

また、金蘭生輯録の書物『格言聯璧《かくげんれんぺき》』にはこういう言葉があります。

魚・水を離るれば則ち鱗《うろこ》枯る
心・書を離るれば則ち神索《さび》し

魚が水から離れると鱗が枯れて死んでしまう。同様に、心が聖賢の書から離れてしまえば、薄っぺらなさびしいものになってしまう、の意です。
なぜ我われは先哲の言葉に学ぶのか。学ばなければならないのか。二人の先賢の言葉に余すところがありません。

弊社が発刊する月刊誌『致知』は、昭和五十三（一九七八）年に呱々の声をあげ、「人間学」をテーマに四十余年にわたって発刊を続けてきました。本誌が創刊以来、今日まで歩み得たのは、多くの先哲の言葉に導かれた賜《たまもの》に他なりません。

また、弊社では『致知』の創刊当初より、毎年「致知手帳」を発刊してきましたが、二〇一四年版を発刊する際、日頃、目にする手帳に、日々の行動指針となるような言葉を添えることができればと考え、付録として添えたのが「人生心得帖」という薄い冊子です。これが思いの外、皆様から喜ばれ、翌年からは「この人生心得帖を楽しみに、今年も手帳を購入します」といった方も現れました。

「この心得帖をまとめてぜひ一冊の本にしてほしい」という声もあり、二〇一四年から二〇一七年までの四つの冊子をまとめ、二〇一九年に発刊したのが『人生心得帖』という書籍です。

その『人生心得帖』の発刊から五年の月日が経ち、続編を望む声をいただいたこともあり、このたび姉妹本として『生き方心得帖』を刊行する運びとなりました。

名言は先に人生を歩いていた人たちが残してくれた人生の道標となるものです。道に迷った時、道標があれば、私たちは迷うことなく、前進していくことができます。本書に紹介した名言が皆様の人生行路を歩む上での一燈となり、道標となればこれに優る喜びはありません。

令和六年四月吉日　　藤尾秀昭

著者略歴

藤尾秀昭（ふじお・ひであき）
昭和53年の創刊以来、月刊誌『致知』の編集に携わる。54年に編集長に就任。平成4年に致知出版社代表取締役社長に就任。現在、代表取締役社長兼主幹。『致知』は「人間学」をテーマに一貫した編集方針を貫いてきた雑誌で、令和5年、創刊45年を迎えた。有名無名を問わず、「一隅を照らす人々」に照準をあてた編集は、オンリーワンの雑誌として注目を集めている。主な著書に『小さな人生論1～5』『小さな修養論1～5』『小さな幸福論』『心に響く小さな5つの物語Ⅰ～Ⅲ』『小さな経営論』『プロの条件』『はじめて読む人のための人間学』『人生の法則』（いずれも致知出版社）など。

生き方心得帖《ちょう》

令和六年五月三十日第一刷発行

著　者　藤尾　秀昭
発行者　藤尾　秀昭
発行所　致知出版社
〒150-0001 東京都渋谷区神宮前四の二十四の九
TEL（〇三）三七九六―二一一一
印刷・製本　中央精版印刷
落丁・乱丁はお取替え致します。　（検印廃止）

©Hideaki Fujio 2024 Printed in Japan
ISBN978-4-8009-1307-4 C0095
ホームページ　https://www.chichi.co.jp
Eメール　books@chichi.co.jp
装幀――スタジオファム
編集協力――柏木孝之

人間力を高める致知出版社の本

生き方のセオリー

藤尾秀昭 著

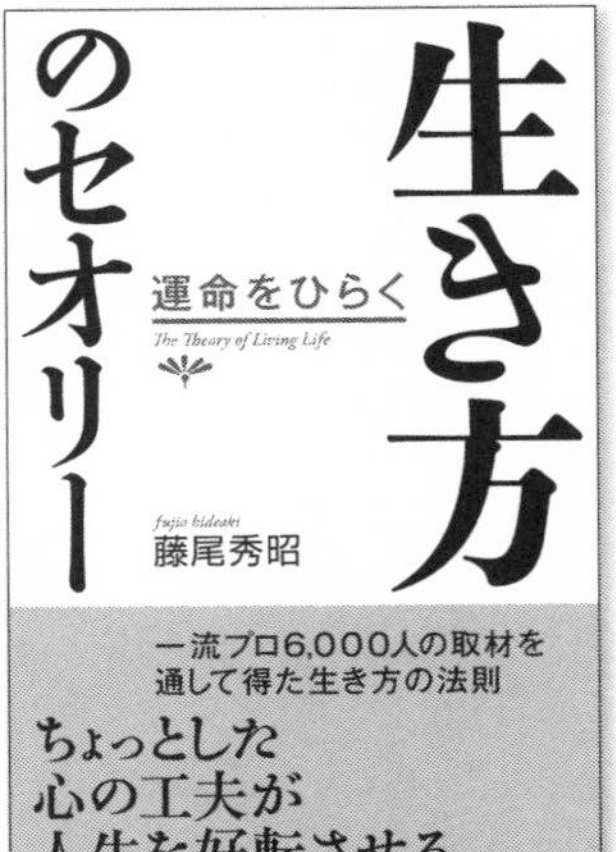

一流プロ6,000人の取材を通して得たあらゆる仕事、
あらゆる生き方に共通する万古不変の法則とは。

●B6変型判上製　●定価1,320円（10%税込）